学校 - مکتب 2
旅行 - سفر 5
交通运输 - حمل و نقل 8
城市 - شهر 10
地形 - چشم انداز 14
餐馆 - رستورانت 17
超市 - سوپر مارکیت 20
饮料 - نوشیدنی ها 22
食物 - غذا 23
农场 - مزرعه 27
房子 - خانه 31
客厅 - اطاق نشیمن 33
厨房 - آشپزخانه 35
浴室 - حمام / دستشویی 38
儿童房 - اطاق اطفال 42
衣服 - لباس 44
办公室 - دفتر 49
经济 - اقتصاد 51
职业 - شغل ها 53
工具 - ابزار 56
乐器 - آلات موسیقی 57
动物园 - باغ وحش 59
体育 - ورزش ها 62
活动 - فعالیت ها 63
家 - فامیل 67
身体 - بدن 68
医院 - شفاخانه 72
紧急情况 - عاجل 76
地球 - زمین 77
钟表 - ساعت 79
周 - هفته 80
年 - سال 81
形状 - شکل ها 83
颜色 - رنگ ها 84
反义词 - متضاد ها 85
数字 - اعداد 88
语言 - زبان ها 90
谁/什么/怎样 - کی/چی/چطور 91
方位 - کجا 92

Impressum
Verlag: BABADADA GmbH, Nedderfeld 112 , 22529 Hamburg
Geschäftsführer / Verlagsleitung: Harald Hof
Druck: Books on Demand GmbH, In de Tarpen 42, 22848 Norderstedt

Imprint
Publisher: BABADADA GmbH, Nedderfeld 112 , 22529 Hamburg, Germany
Managing Director / Publishing direction: Harald Hof
Print: Books on Demand GmbH, In de Tarpen 42, 22848 Norderstedt, Germany

1

学校
مكتب

除 / تقسیم کردن

186/2

黑板 / تخته

教室 / صنف درسی

校园 / حیاط مکتب

老师 / معلم

纸 / کاغذ

钢笔 / خودکار

办公桌 / میز کار

书写 / نوشتن

直尺 / خط کش

书 / کتاب

学生 / شاگرد

书包 / بیگ مکتب

铅笔盒 / قلم دانی

铅笔 / پنسل

卷笔刀 / پنسل تراش

橡皮擦 / پنسل پاک

图画词典 / لغت نامه تصویری

画板 کتابچه رسم	图画 نقاشی	画笔 برس رنگ زنی

颜料盒 بکسک رنگه	剪刀 قیچی	胶水 سریش
		12
练习册 کتاب تمرین	家庭作业 کار خانگی	数字 عدد

加 جمع کردن	减 تفریق کردن	乘 ضرب کردن

计算 حساب کردن	字母 حرف	字母表 الفبا

字
کلمه

课文
متن

读
خواندن

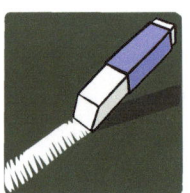
粉笔
تباشیر

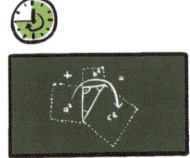
上课
درس

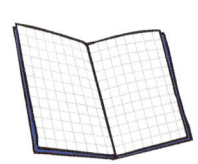
登记
ثبت نام

考试
امتحان

证书
تصدیقنامه

校服
یونیفورم مکتب

教育
تحصیل

百科全书
دانشنامه

大学
پوهنتون

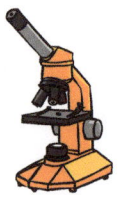
显微镜
مایکروسکوپ

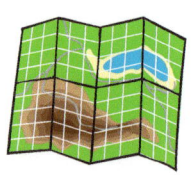
地图
نقشه

废纸筐
سبد کاغذ باطله

学校 - مکتب

旅行
سفر

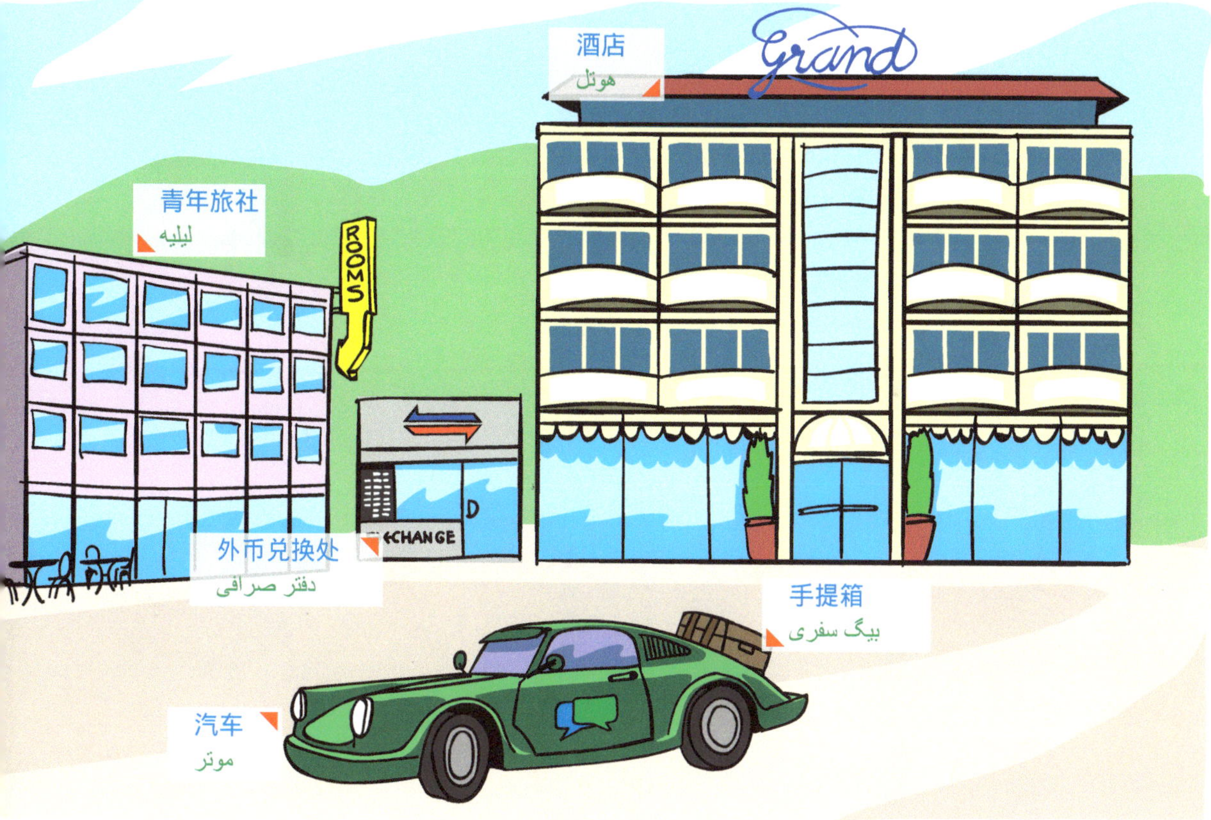

酒店
هوتل
Grand
青年旅社
لیلیه
ROOMS
外币兑换处
دفتر صرافی
手提箱
بیگ سفری
汽车
موتر

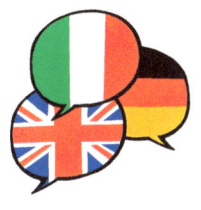

语言

زبان

是/否

بلی / نخیر

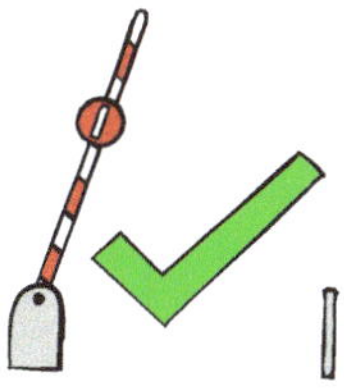

好的

بسیار خوب

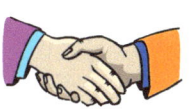

您好

سلام

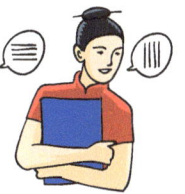

翻译员

مترجم

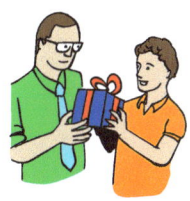

谢谢

تشکر از شما

……多少钱？

قیمتش چقدر است؟

我不明白

نمی فهمم

问题

مشکل

晚上好！

عصر بخیر! / شب بخیر!

早上好！

صبح بخیر!

晚安！

شب بخیر!

再见

خداحافظ

方向

مسیر

行李

بار مسافر

包

بیگ

双肩包

بیگ پشتکی

客人

مهمان

房间

اطاق

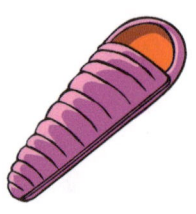

睡袋

بستره خواب سیار

帐篷

خیمه

旅游信息

معلومات توریستی

海滩

ساحل

信用卡

کریدیت کارت

早餐

صبحانه

午餐

طعام چاشت

晚餐

غذای شام

票

تکت

电梯

لفت

邮票

مهر

边界

مرز

海关

گمرک

大使馆

سفارتخانه

签证

ویزه

护照

پاسپورت

交通运输

حمل و نقل

飞机
طیاره
船
کشتی
消防车
موتر اطفاییه
公交车
بس
卡车
لاری
汽艇
قایق موتوری
自行车
بایسکل
汽车
موتر

摆渡船

کشتی

小船

قایق

摩托车

موترسایکل

警车

موتر پولیس

赛车

موتر مسابقه

租车

موتر کرایی

拼车
اشتراک وسایط

拖车
جرثقیل

垃圾车
موتر حمل زباله

发动机
موتور

汽油
تیل

加油站
تانک تیل

交通标志
علامت ترافیکی

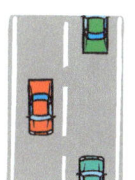
交通
عبور و مرور

交通堵塞
راهبندان

停车场
پارک وسایط

火车站
ایستگاه ریل

轨道
خط ریل

火车
ریل

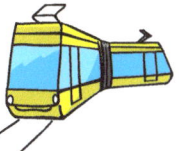
电车
ریل برقی

货车
واگن

交通运输 - حمل و نقل

直升机
هلیکوپتر

机场
میدان هوایی

塔
برج

乘客
مسافر

集装箱
کانتینر

纸板箱
کارتن

手推车
گادی

篮子
سبد

起飞/降落
پرواز کردن / فرود آمدن

城市
شهر

村庄
قریه

市中心
تیاتر شهر

房子
خانه

小屋
کلبه

公寓
آپارتمان

火车站
ایستگاه ریل

市政厅
تالار شهر

博物馆
موزیم

学校
مکتب

城市 - شهر

大学
پوهنتون

银行
بانک

医院
شفاخانه

酒店
هوتل

药房
دواخانه

办公室
دفتر

书店
کتابفروشی

商店
مغازه

花店
گل فروشی

超市
سوپر مارکیت

市场
فروشگاه

百货商店
فروشگاه

鱼店
ماهی فروشی

购物中心
مرکز خرید

海港
بندر

公园

پارک

长凳

دراز چوکی

桥

پل

楼梯

زینه ها

地铁

مترو

隧道

تونل

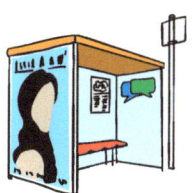

公交车站

ایستگاه بس

酒吧

میخانه

餐馆

رستورانت

邮筒

صندوق پست

路标

علامت سرک

停车计时器

ماشین پارکو متر

动物园

باغ وحش

游泳馆

حوض آببازی

清真寺

مسجد

城市 - شهر

农场
مزرعه

污染
آلوده گی

墓地
قبرستان

教堂
کلیسا

操场
میدان بازی

寺庙
معبد

地形
چشم انداز

树叶 / برگ
指示牌 / لوحه
路 / راه
草地 / علفزار
石头 / سنگ
树 / درخت
徒步旅行者 / کوهنورد
河 / دریا
草 / علف
花 / گل

峡谷	山	湖
دره	تپه	دریاچه

森林	沙漠	火山
جنگل	صحرا	آتشفشان

城堡	彩虹	蘑菇
قلعه	رنگین کمان	سمارق

棕榈树	蚊子	苍蝇
درخت آلو	پشه	مگس

蚂蚁	蜜蜂	蜘蛛
مورچه	زنبور	عنکبوت

چشم انداز - 地形

甲虫	青蛙	松鼠
قانغوزک	بقه	موش خرما

刺猬	野兔	猫头鹰
خارپشت	خرگوش صحرایی	بوم

鸟	天鹅	野猪
پرنده	مرغابی	خوک وحشی

鹿	麋鹿	水坝
گوزن	گوزن شمالی	بند آب

 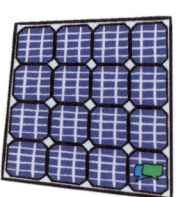 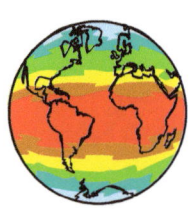

风力发电机	太阳能电池板	气候
توربین بادی	صفحه خورشیدی	آب و هوا

餐馆
رستورانت

服务员 — پیشخدمت

菜单 — مینوی غذا

椅子 — چوکی

披萨饼 — پیتزا

汤 — سوپ

餐具 — قاشق و پنجه و کارد

桌布 — روی میزی

前菜 — پیش غذا

主菜 — غذای اصلی

甜点 — شرینی

饮料 — نوشیدنی ها

食物 — غذا

瓶子 — بوتل

快餐
فاست فود

街边小吃
غذای کنار سرک

茶壶
چاینک/ترموز

糖盒
قندانی

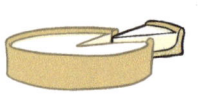

一份饭菜
بخش غذا

意式咖啡机
دستگاه اسپرسو

高脚椅
چوکی بلند

账单
بل

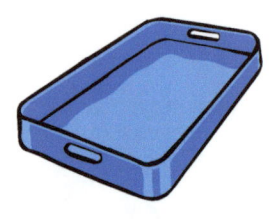

托盘
پطنوس

刀
چاقو

餐叉
پنجه

勺子
قاشق

茶匙
قاشق چای خوری

餐巾
دستپاک دسترخوان یا میز

玻璃杯
گیلاس

餐馆 - رستورانت

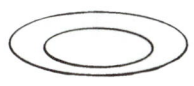

碟子

بشقاب

汤盘

بشقاب سوپ

碟子

نعلبکی

酱

چتنی

盐瓶

نمکدان

胡椒磨

آسیاب مرچ

醋

سرکه

食用油

روغن خوراکی

调味料

ادویه

番茄酱

کچاپ

芥末

ساس خردل

蛋黄酱

مایونز

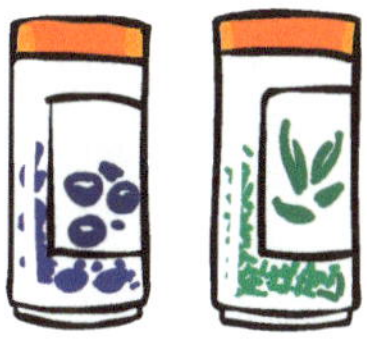

超市

سوپر مارکیت

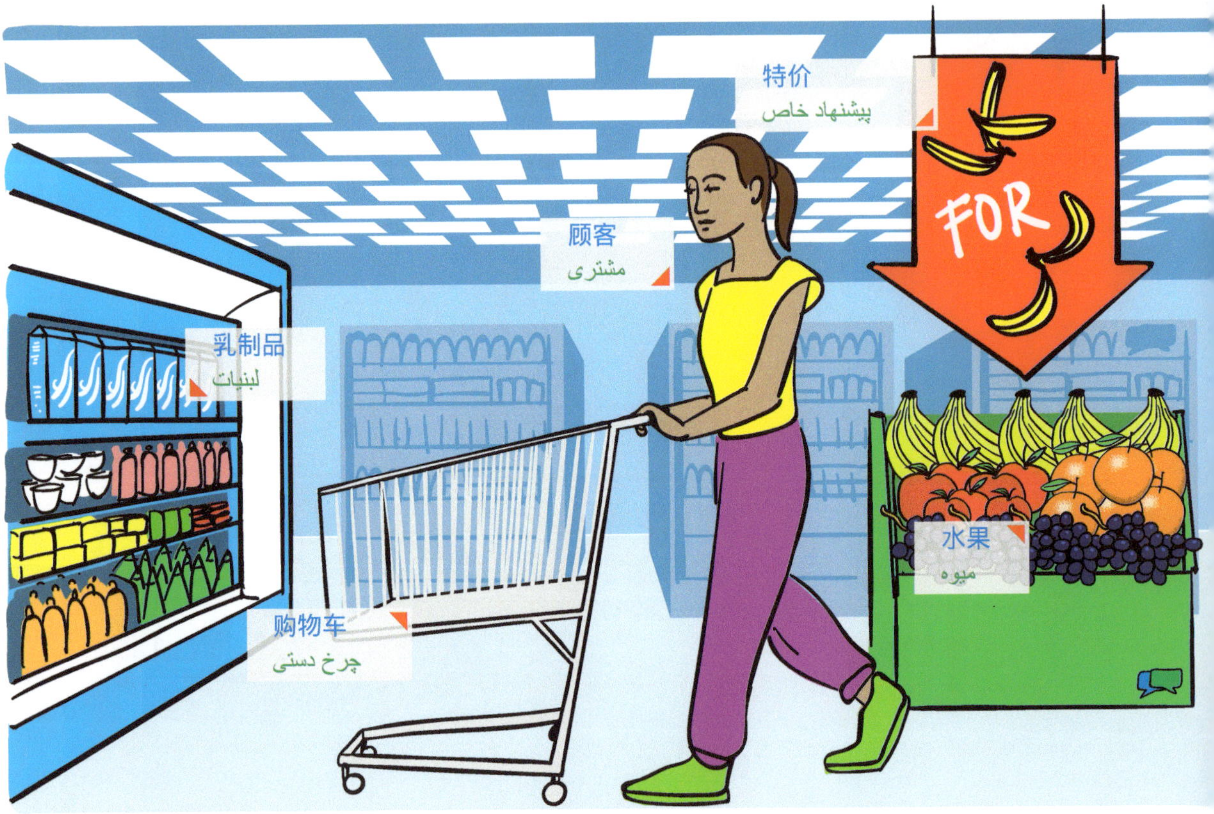

特价
پیشنهاد خاص
顾客
مشتری
乳制品
لبنیات
购物车
چرخ دستی
水果
میوه
FOR

BUTCHERS

肉铺

قصابی

BAKERY

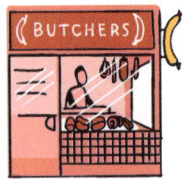

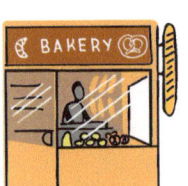

面包房

نانوایی

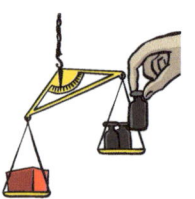

称重

وزن کردن

蔬菜

سبزیجات

肉

گوشت

冷冻食品

غذای منجمد

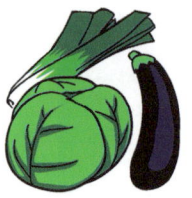

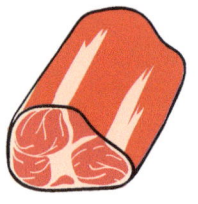

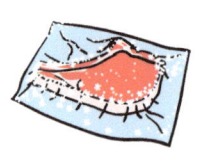

冷盘
غذای سرد

罐头食品
غذای کنسر شده

洗衣粉
پودر رختشویی

甜食
شیرینی

日用品
لوازم خانگی

清洁用品
محصولات پاک کننده

销售员
فروشنده

收银机
دخل پیسه

收银员
صندوقدار

购物清单
لست خرید

开放时间
ساعات کاری

钱包
بکسک جیبی

信用卡
کریدیت کارت

袋子
بیگ

塑料袋
بیگ پلاستیکی

超市 - سوپر مارکیت

饮料
نوشیدنی ها

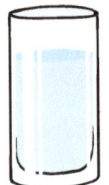

水

آب

果汁

جوس

牛奶

شیر

可乐

نوشابه

红酒

شراب

啤酒

بیر

酒

الکول

可可

ککو

茶

چای

咖啡

قهوه

意式浓缩咖啡

اسپرسو

卡布奇诺

کاپوچینو

食物
غذا

香蕉
كيله

苹果
سيب

橙子
مالته

西瓜
تربوز

柠檬
ليمو

胡萝卜
زردگ

大蒜
سير

竹子
چوب خيزران

洋葱
پياز

蘑菇
سمارق

坚果
مغزيات

面条
آش

意大利面条	米饭	沙拉
مکرونی	برنج	سلاد

薯条	炸土豆	披萨饼
چیپس	کچالو سرخ کرده	پیتزا

汉堡包	三明治	炸猪排
همبرگر	ساندویچ	کتلت

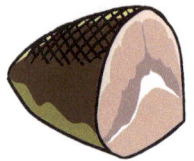

火腿	萨拉米	香肠
همبرگر	سالامی	ساسج

鸡肉	烤肉	鱼
مرغ	کباب	ماهی

食物 - غذا

燕麦片	穆兹利	玉米片
فرنی جو	صبحانه رژیمی	کورن فلکس
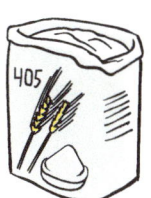		
面粉	羊角面包	面包卷
آرد	کروسانت	قرص نان

面包	烤面包	饼干
نان خشک	توست / نان بریان	بیسکیت

黄油	凝乳	蛋糕
مسکه	چکه	کیک

蛋	煎蛋	奶酪
تخم مرغ	تخم مرغ سرخ شده	پنیر

食物 - غذا

冰激凌

آیسکریم

糖

شکر

蜂蜜

عسل

果酱

مربا

巧克力酱

مسکه چاکلیت

咖喱饭

زردچوبه هندی

农场
مزرعه

农舍 خانه مزرعه
粮仓 گودام غله
稻草捆 خرمن گاه
田野 زمین زراعتی
马 اسب
拖车 تریلر
马驹 کره اسب
拖拉机 تراکتور
驴 خر
羊 گوسفند
羔羊 بره

山羊
بز

奶牛
گاو

牛犊
گوساله

猪
خوک

小猪
خوکچه

公牛
گاو نر

农场 - مزرعه

鹅
قاز

鸭
مرغابی

小鸡
چوچه مرغ

母鸡
مرغ

公鸡
خروس

鼠
موش صحرایی

猫
پیشک

老鼠
موش

牛
گاومیش

狗
سگ

狗屋
خانه سگ

花园浇水软管
خانه باغ

洒水壶
آبپاش

长柄大镰刀
داس

犁
قولبه کردن

农场 - مزرعه

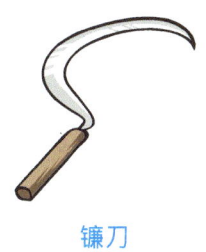
镰刀
داس

锄头
کج بیل

长柄草耙
چنگال باغبانی

斧头
تبر

独轮手推车
کراچی

饲料槽
تغار

牛奶罐
قوطی شیر

麻布袋
بوجی

栅栏
دیوار مرزی از چوب یا سیم خار دار

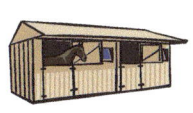
马厩
پایدار

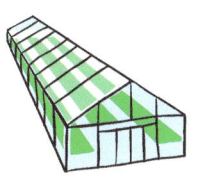
温室
گلخانه

土壤
خاک

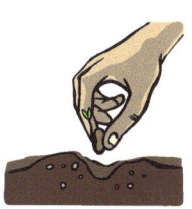
种子
تخم

肥料
کود

联合收割机
ماشین درو وخرمنکوبی

农场 - مزرعه

收割
درو کردن

收割
درو

山药
کچالو شرین

小麦
گندم

大豆
سویا

土豆
کچالو

玉米
جواری

油菜籽
کلزا

果树
درخت میوه

树薯
مانیوک

谷物
غلات و حبوبات

房子
خانه

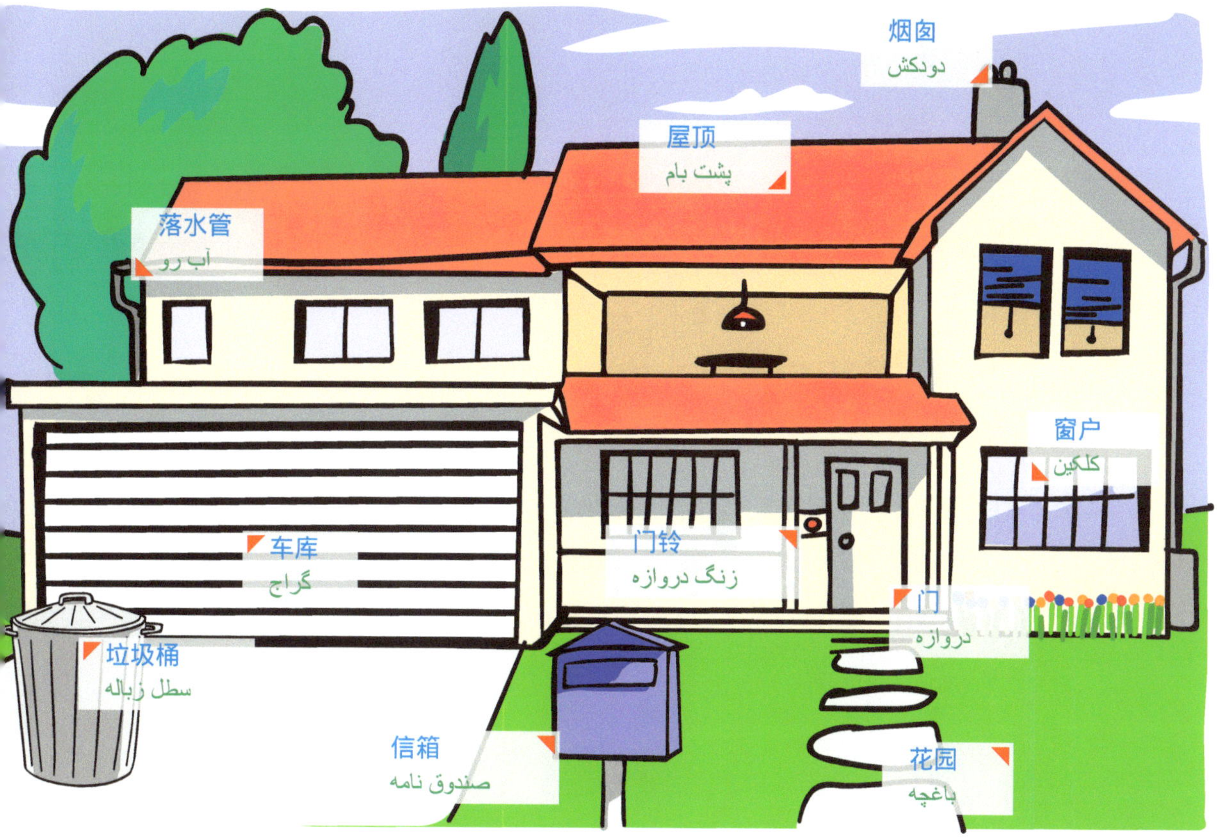

- 烟囱 — دودکش
- 屋顶 — پشت بام
- 落水管 — آب رو
- 窗户 — کلکین
- 车库 — گراج
- 门铃 — زنگ دروازه
- 门 — دروازه
- 垃圾桶 — سطل زباله
- 信箱 — صندوق نامه
- 花园 — باغچه

客厅 — اطاق نشیمن

浴室 — حمام / دستشویی

厨房 — آشپزخانه

卧室 — اطاق خواب

儿童房 — اطاق اطفال

餐厅 — اطاق پذیرایی

房子 - خانه

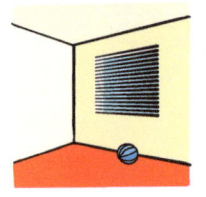
地板
کف زمین

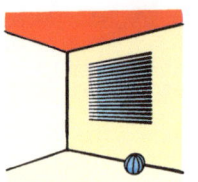
墙壁
دیوار

吊顶
سقف

地窖
گودام زیر زمینی

桑拿
سونا

阳台
بالکن

露台
برنده / بالکن

游泳池
حوض

割草机
ماشین درو کردن چمن

被单
ورق کاغذ

床罩
روجایی

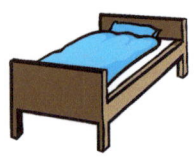
床
تختخواب

扫帚
جارو

水桶
سطل

开关
سویچ

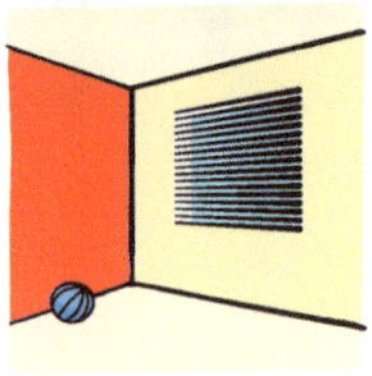

客厅
اطاق نشیمن

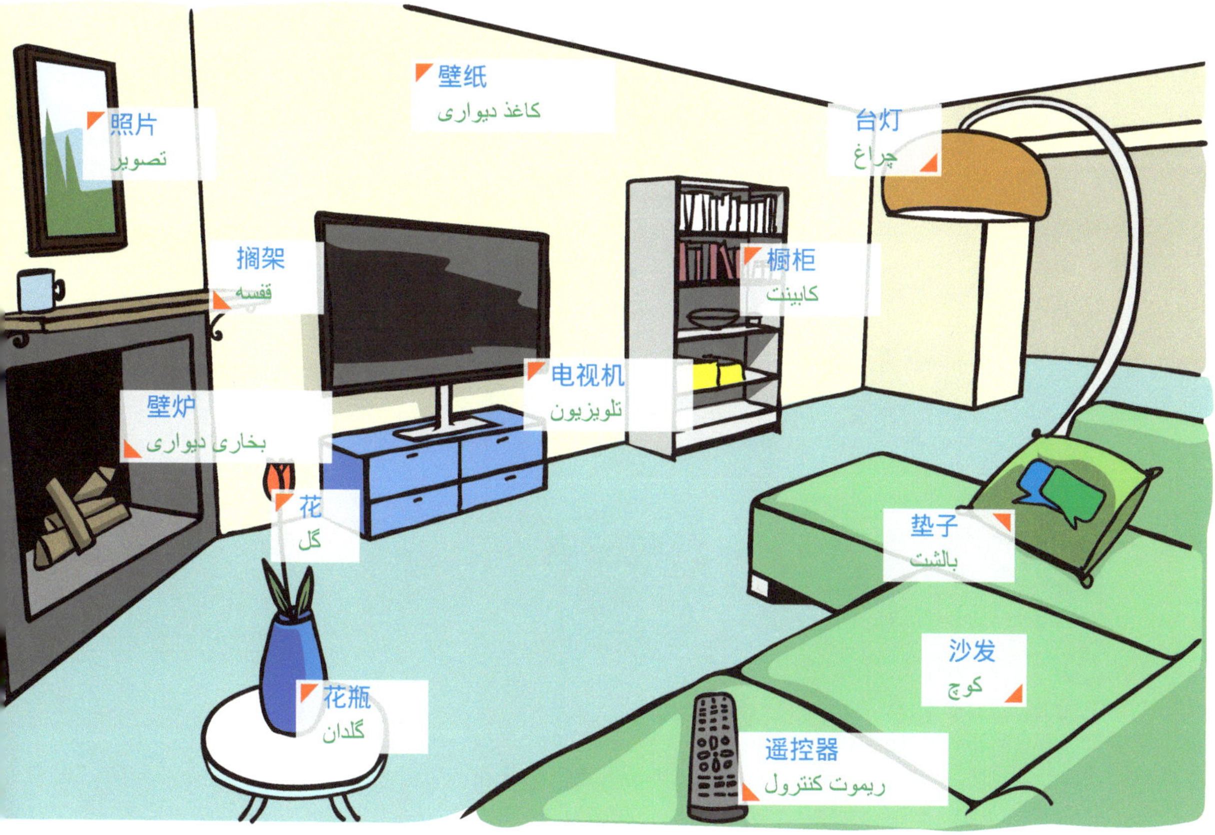

照片 / تصویر
壁纸 / کاغذ دیواری
台灯 / چراغ
搁架 / قفسه
橱柜 / کابینت
壁炉 / بخاری دیواری
电视机 / تلویزیون
花 / گل
垫子 / بالشت
沙发 / کوچ
花瓶 / گلدان
遥控器 / ریموت کنترول

地毯
فرش

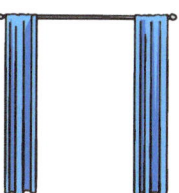
窗帘
پرده

餐桌
میز

椅子
چوکی

摇椅
چوکی گهواره یی

扶手椅
چوکی دسته دار

 书 کتاب	 毯子 کمپل	 装饰品 دکوراسیون
 木柴 هیزم	 电影 فلم	 高保真音响 سیستم های فای
 钥匙 کلید	 报纸 روزنامه	 油画 تابلوی نقاشی
 海报 پوستر	 收音机 رادیو	 笔记本 دفتر
 吸尘器 جاروبرقی	 仙人掌 کاکتوس	 蜡烛 شمع

客厅 - اطاق نشیمن

厨房
آشپزخانه

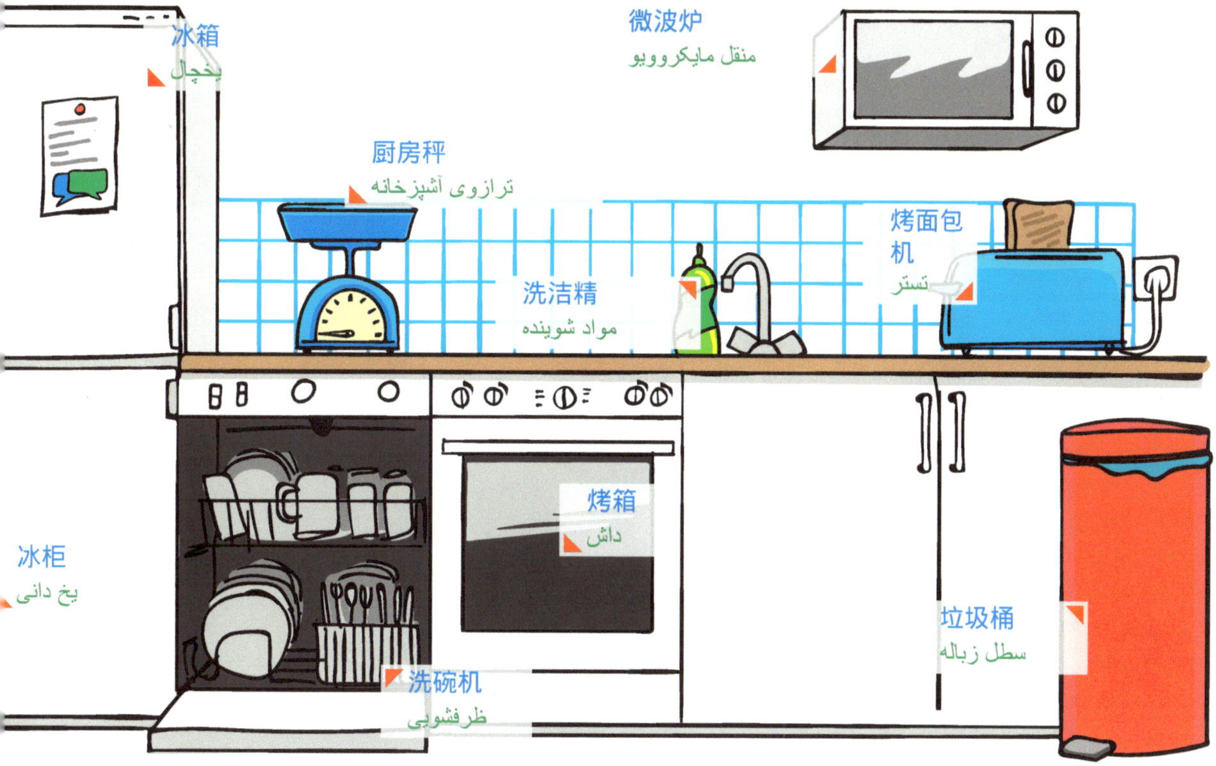

冰箱 یخچال

微波炉 منقل مایکروویو

厨房秤 ترازوی آشپزخانه

洗洁精 مواد شوینده

烤面包机 تستر

冰柜 یخ دانی

烤箱 داش

垃圾桶 سطل زباله

洗碗机 ظرفشویی

炊具
منقل

锅
دیگ

铸铁锅
دیگ چدنی

炒锅
کراهی

平底锅
تابه

水壶
چای جوش

厨房 - آشپزخانه

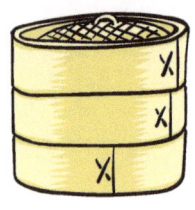		
蒸锅 بخارپز	烤盘 پطنوس طباخی	陶瓷锅 ظروف

马克杯 پیاله کلان	碗 کاسه	筷子 چاپستیک ها

长柄勺 ملاقه	铲子 کفگیر	搅拌器 مخلوط کننده

滤网 چلو صاف	筛子 غلبیل	磨碎机 رنده

研钵 هاونگ	烧烤 بار بیکیو	明火 آتش باز

厨房 - آشپزخانه

菜板
تخته برش

擀面杖
آشگز

开瓶器
سر بازکن

罐子
قوطی

开罐器
سر باز کن

隔热手套
دستگیره تکه ای

水槽
ظرف شویی

刷子
برس ظرف شویی

海绵
اسفنج

搅拌机
مخلوط کن

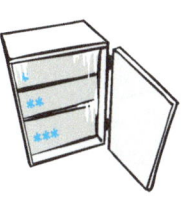
冷藏箱
فریزر

奶瓶
شیر چوشک اطفال

水龙头
نل آب

浴室

حمام / دستشویی

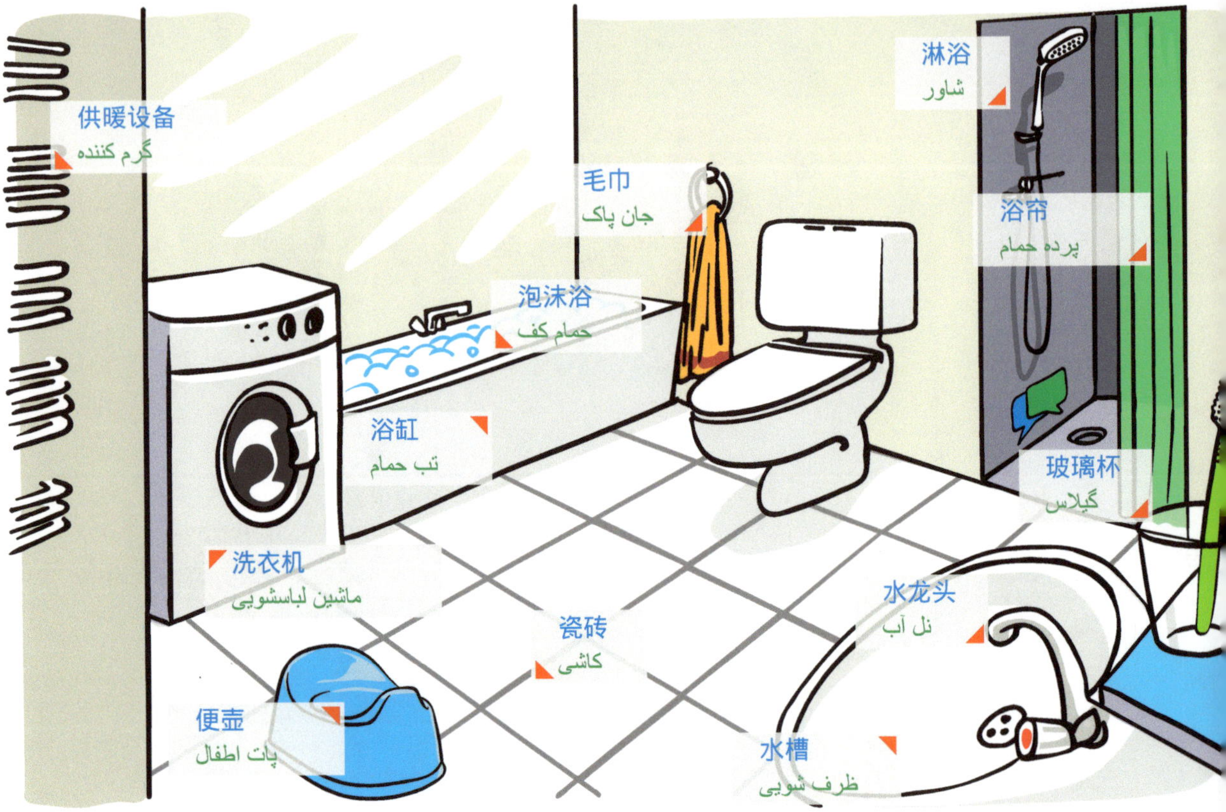

供暖设备 — گرم کننده
淋浴 — شاور
毛巾 — جان پاک
浴帘 — پرده حمام
泡沫浴 — حمام کف
浴缸 — تب حمام
玻璃杯 — گیلاس
洗衣机 — ماشین لباسشویی
瓷砖 — کاشی
水龙头 — نل آب
便壶 — پات اطفال
水槽 — ظرف شویی

厕所
تشناب

蹲便器
کمود فرشی

坐浴器
کمود

小便池
تشناب مرد ها

厕纸
کاغذ تشناب

马桶刷
برس کمود

牙刷
برس دندان

牙膏
کریم دندان

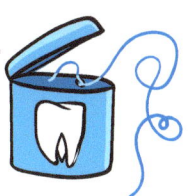
牙线
نخ دندان

洗
شستن

手持式喷淋头
شاور دستی

冲洗器
شاور کمود

洗脸盆
دستشویی

擦背刷
برس پشت

肥皂
صابون

沐浴露
جل حمام

洗发水
شامپو

法兰绒
لیف

排水
آب رو

乳霜
کریم

除臭剂
بوزدا

浴室 - حمام / دستشویی

39

镜子
آینه

手镜
آینه دستی

剃须刀
ریش تراش

剃须泡沫
کف ریش تراشی

须后水
کلونیا

梳子
شانه موی

刷子
برس

吹风机
سشوار

喷发定型剂
اسپری مو

化妆品
آرایش

唇膏
لب سرین

指甲油
رنگ ناخن

化妆棉
پشم پنبه

指甲剪
ناخن گیر

香水
عطر

浴室 - حمام / دستشویی

洗漱包
کیسه شستشو

凳子
چوکی چار پایه

计重秤
ترازوی وزن

浴袍
جان پاک

橡胶手套
دستکش پلاستیکی

卫生棉条
تامپون

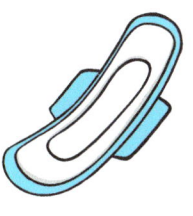
卫生巾
کوتکس

化学厕所
تشناب سیار

浴室 - حمام / دستشویی

41

儿童房
اطاق اطفال

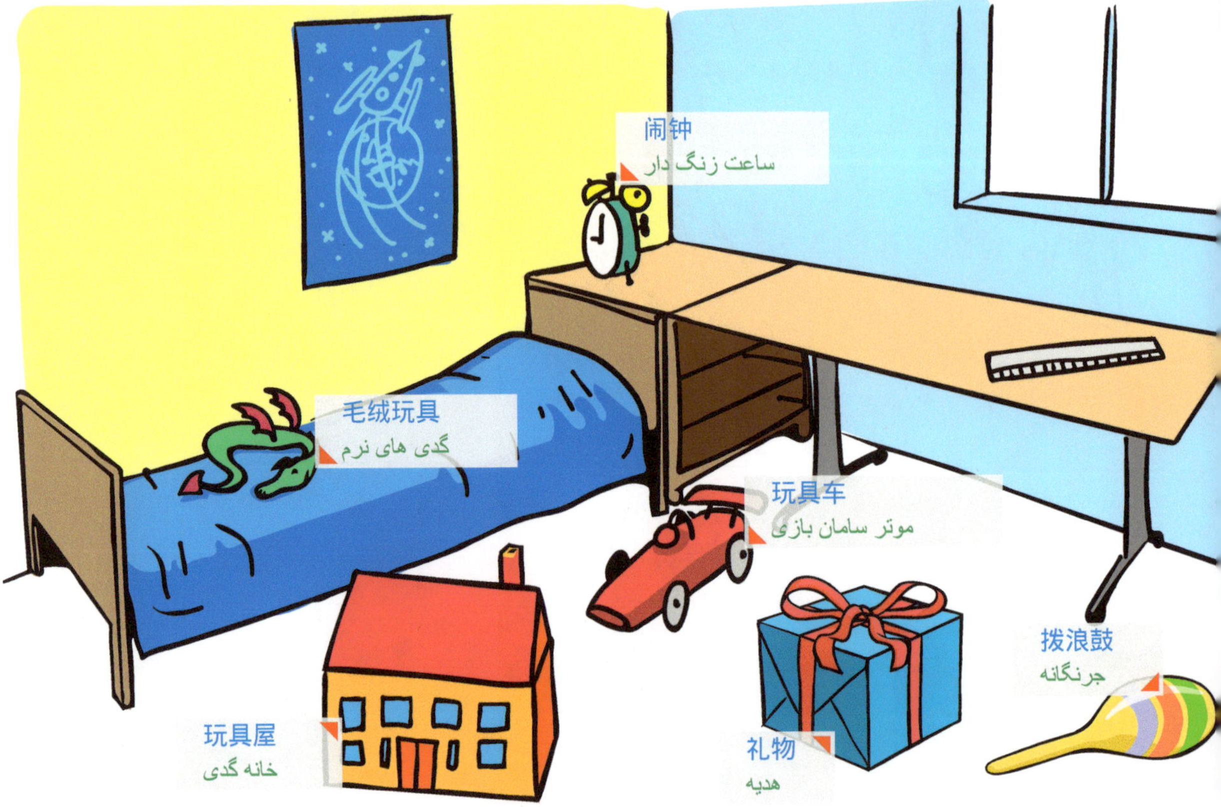

闹钟
ساعت زنگ دار
毛绒玩具
گدی های نرم
玩具车
موتر سامان بازی
拨浪鼓
جرنگانه
玩具屋
خانه گدی
礼物
هدیه

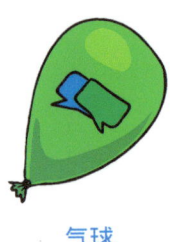

气球

پوقانه

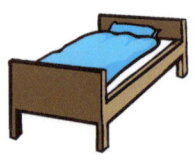

床

تختخواب

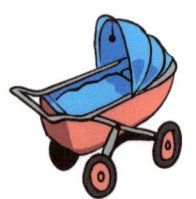

（洋娃娃用）婴儿车

ریکشه اطفال

扑克牌

قطعه بازی

拼图

پازل

SUPER
MEGA

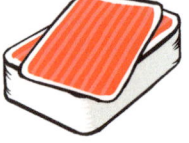

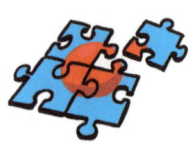

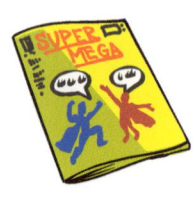

漫画

خنده آور

乐高积木

خشت های لگو

积木玩具

بلوک های سامان بازی

玩具人

پچه فلم

婴儿服

لباس طفل

飞盘

فریزبی

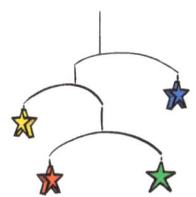

床铃玩具

سامان بازی که روی تخت خواب اطفال
اویزان می شود

棋盘游戏

بازی تخته یی

骰子

تاس

火车模型

ریل اسباب بازی

安抚奶嘴

چوشک

聚会

مهمانی

绘本

کتاب تصویری

球

توپ

洋娃娃

گدیگک

玩

بازی کردن

沙坑
جعبه ریگ

秋千
گاز

玩具
اسباب بازی

游戏机
کنسول بازی کمپیوتری

三轮车
سه چرخه

泰迪熊
خرس سامان بازی

衣柜
الماری لباس

衣服
لباس

袜子
جوراب

长袜
جوراب دراز

紧身裤
برجس

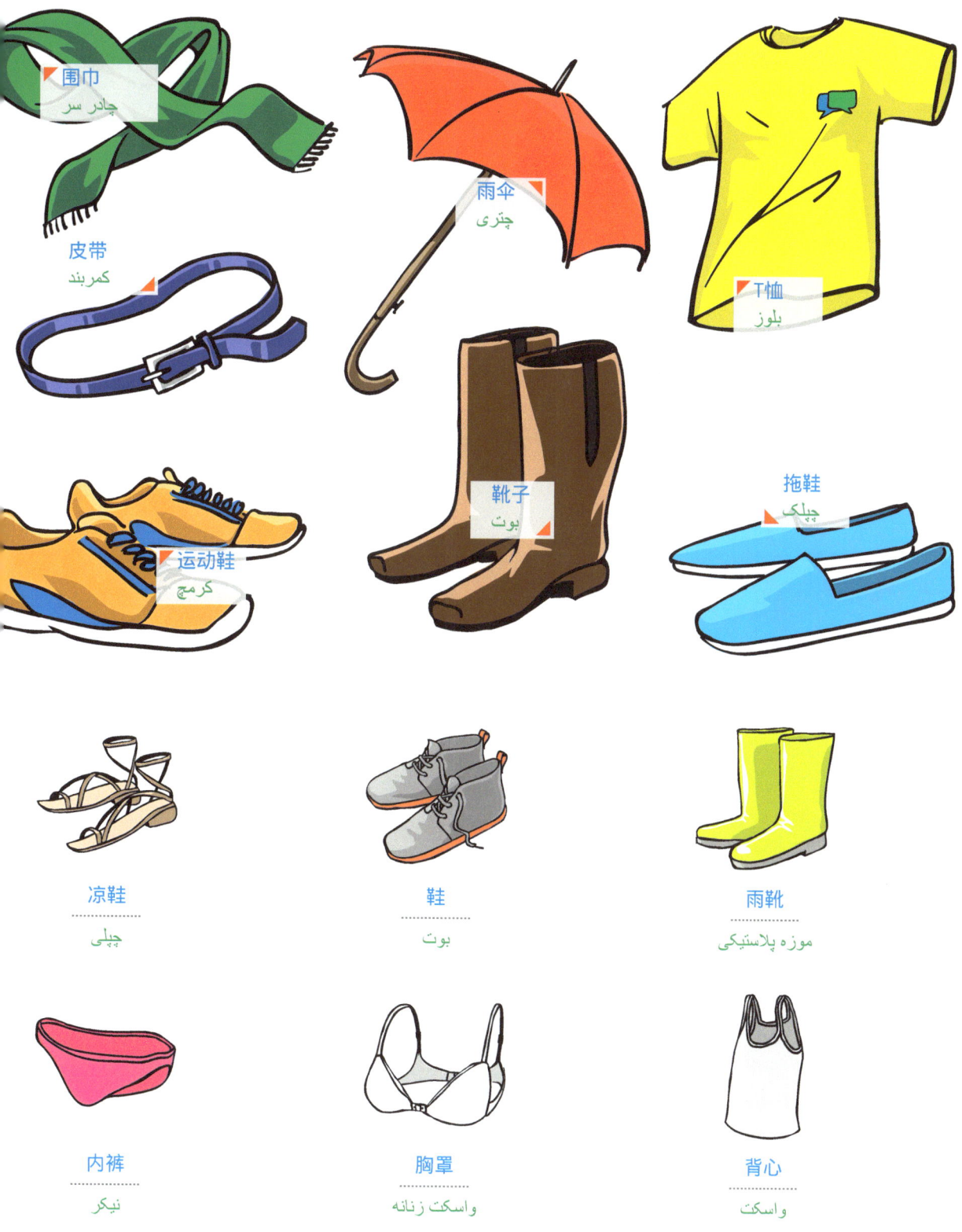

凉鞋

چپلی

鞋

بوت

雨靴

موزه پلاستیکی

内裤

نیکر

胸罩

واسکت زنانه

背心

واسکت

 身体 بدن	 裤子 برزو	 牛仔裤 پتلون کاوبای
 短裙 دامن	 女式衬衫 بلوز	 衬衫 پیراهن
 套头衫 پالان	 卫衣 جاکت کلاه دار	 西装夹克 جاکت
 夹克 چمپر	 外套 کورتی	 雨衣 کوت بارانی
 套装 لباس مخصوص مراسم	 连衣裙 پیراهن	 婚纱 لباس عروسی

衣服 - لباس

西装

دریشی

睡袍

لباس خواب

睡衣

پاجامه

莎丽

ساری

头巾

چادر سر

包头巾

لنگی

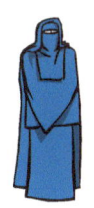

波卡

چادری

卡夫坦

کفتان

(阿拉伯式)长袍长袍

چادر

泳衣

لباس آببازی

男式泳裤

نیکر پاچه دار

短裤

پتلون نصفه

运动服

لباس ورزشی

围裙

پیش بند

手套

دستکش

纽扣
دکمه

眼镜
عینک

手链
دستبند

项链
گردن بند

戒指
انگشتر

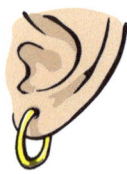

耳环
گوشواره

便帽
کلاه پیک دار

衣架
کوت بند

帽子
کلاه

领带
نیکتایی

拉链
زیپ

头盔
کلاه مصون

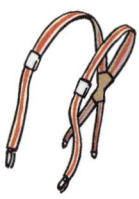

背带
بند تنبان

校服
یونیفورم مکتب

制服
یونیفورم

衣服 - لباس

围兜
پیش بند

安抚奶嘴
چوشک

尿不湿
پمپر

办公室
دفتر

- 服务器 — سرور
- 文件柜 — الماری اسناد
- 打印机 — پرینتر
- 显示屏 — مانیتور
- 纸 — کاغذ
- 办公桌 — میز کار
- 鼠标 — ماوس
- 文件夹 — فولدر
- 键盘 — کیبورد
- 废纸筐 — سبد کاغذ باطله
- 电脑 — کمپیوتر
- 椅子 — چوکی

咖啡杯
گیلاس قهوه

计算器
ماشین حساب

因特网
اینترنت

笔记本电脑
لپ تاپ

信件
نامه

消息
پیام

手机
موبایل

网络
شبکه

复印机
ماشین فوتوکاپی

软件
نرم افزار

电话
تلیفون

插座
پلک

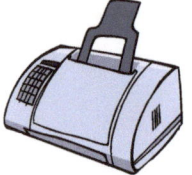
传真机
دستگاه فکس

表格
فورمه

文件
سند

办公室 - دفتر

经济
اقتصاد

买
خرید کردن

付钱
پرداختن

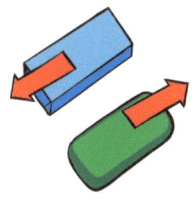
交易
تجارت کردن

现金
پول

美元
دالر

欧元
یورو

日元
ین

卢布
روبل

瑞士法郎
فرانک سوئیس

人民币
یوان رنمینبی

卢比
روپیه

提款处
خودپرداز

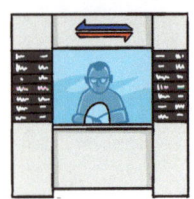
外币兑换处
دفتر صرافی

金
طلا

银
نقره

石油
نفت

能源
انرژی

价格
قیمت

合同
قرارداد

税金
مالیات

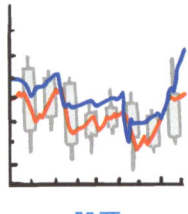
股票
سهام

工作
کار کردن

职员
کارمند

老板
استخدام کننده

工厂
فابریکه

商店
مغازه

经济 - اقتصاد

职业
شغل ها

消防员 / آتش نشان

警官 / افسر پولیس

厨师 / آشپز

医生 / داکتر

飞行员 / پیلوت

园丁

باغبان

木匠

نجار

裁缝

خیاط

法官

قاضی

化学家

کیمیا دان

演员

بازیگر

公交车司机	出租车司机	渔夫
راننده بس	راننده تکسی	ماهیگیر

清洁女工	屋顶工	服务员
خدمه	سقف ساز	پیشخدمت

猎人	画家	面包师
شکارچی	نقاش	نانوا

电工	建筑工人	工程师
برقی	بنا	انجنیر

屠夫	水管工	邮递员
قصاب	نلدوان	پستچی

职业 - شغل ها

士兵
سرباز

建筑师
معمار

收银员
صندوقدار

花农
گل فروش

理发师
آرایشگر

售票员
مامور تکت ریل

机械师
میخانیک

船长
کاپیتان

牙医
داکتر دندان

科学家
دانشمند

拉比
خاخام/ عالم یهودی

伊玛目
امام

和尚
راهب

牧师
ملا

职业 - شغل ها

工具
ابزار

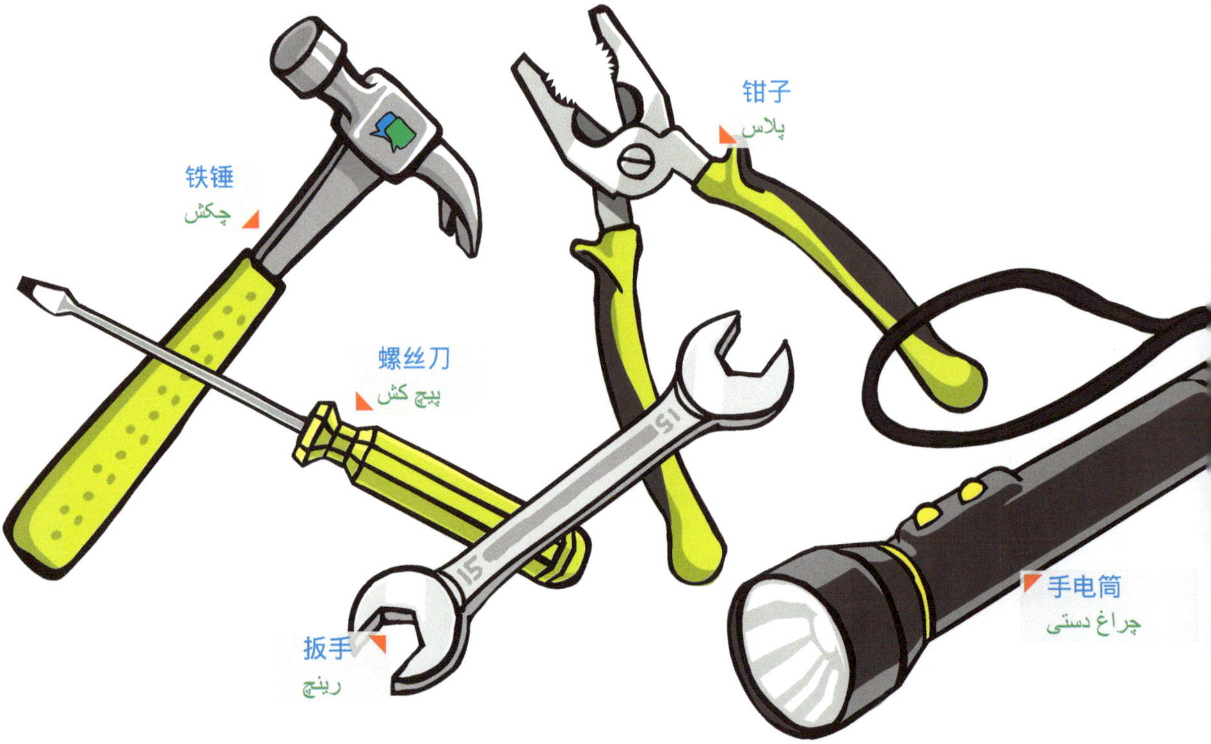

铁锤 چکش

钳子 پلاس

螺丝刀 پیچ کش

扳手 رینچ

手电筒 چراغ دستی

挖掘机

ماشین حفاری

工具箱

جعبه ابزار

梯子

زینه

锯子

اره

钉子

میخ

钻机

برمه

修
ترمیم کردن

铲子
بیل

靠！
لعنتی!

簸箕
خاکروبه

油漆桶
سطل رنگ

螺丝
پیچ

乐器
آلات موسیقی

打击乐器
درام کیت

扬声器
بلندگو

低音提琴
کنترباس

小号
ترومپت

吉他
گیتار

钢琴

پیانو

小提琴

وایلن

贝斯

گیتار بیس

定音鼓

دهل

鼓

دول

电子琴

پیانوی برقی

萨克斯管

ساکسوفون

长笛

توله

麦克风

میکروفون

动物园
باغ وحش

入口 / ورودی
老虎 / ببر
笼子 / قفس
斑马 / گوره خر
动物饲料 / غذای حیوانات
熊猫 / پاندا

动物

حیوانات

大象

فیل

袋鼠

كانگورو

犀牛

غژگاو

大猩猩

گوریلا

熊

خرس

骆驼

شتر

鸵鸟

شترمرغ

狮子

شیر

猴子

میمون

火烈鸟

فلامینگو

鹦鹉

طوطی

北极熊

خرس قطبی

企鹅

پنگوئن

鲨鱼

کوسه

孔雀

طاووس

蛇

مار

鳄鱼

تمسا

动物园管理员

نگهبان باغ وحش

海豹

سگ آبی

美洲豹

پلنگ خالدار امریکایی

矮种马
اسب کوچک

豹
پلنگ

河马
اسب آبی

长颈鹿
زرافه

老鹰
عقاب

野猪
خوک وحشی

鱼
ماهی

龟
سنگ پشت

海象
شیر دریایی

狐狸
روباه

羚羊
غزال

动物园 - باغ وحش

体育

ورزش ها

英式足球

فوتبال

羽毛球

بدمینتون

田径

ورزشکاری

手球

هندبال

滑雪

اسکی

马球

پولو

活动
فعالیت ها

- 跳 / خیز زدن
- 唱 / خواندن
- 拥抱 / بغل کردن
- 笑 / خندیدن
- 走路 / راه رفتن
- 祈祷 / دعا کردن
- 亲吻 / بوسیدن
- 做梦 / خواب دیدن

书写
نوشتن

画
کشیدن

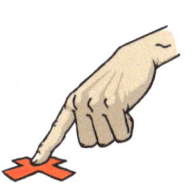

展示
نشان دادن

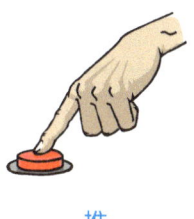

推
تیله کردن

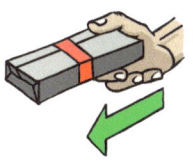

给
دادن

拿
گرفتن

 有 داشتن	 做 انجام دادن	 当 بودن
 站 ایستادن	 跑 دویدن	 拉 کش کردن
 扔 پرتاب کردن	 摔倒 افتادن	 躺 دروغ گفتن
 等待 صبر کردن	 携带 حمل کردن	 坐 نشستن
 穿衣 لباس پوشیدن	 睡觉 خوابیدن	 醒来 بیدار شدن

فعالیت ها - 活动

看
نگاه کردن

哭
گریه کردن

抚摸
ضربه زدن

梳头
شانه کردن

交谈
صحبت کردن

明白
فهمیدن

问
پرسیدن

听
گوش دادن

喝
نوشیدن

吃
خوردن

清理
مرتب کردن

爱
عشق ورزیدن

做饭
پختن

开车
راننده گی کردن

飞
پرواز کردن

فعالیت ها - 活动

航行	计算	读
روی آب حرکت کردن	حساب کردن	خواندن

学习	工作	结婚
یاد گرفتن	کار کردن	ازدواج کردن
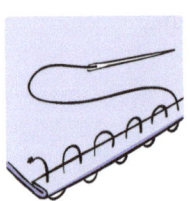		
缝	刷牙	杀
دوختن	برس کردن دندان ها	کشتن

抽烟	寄	
سگریت کشیدن	فرستادن	

فعالیت ها - 活动

家
فاميل

祖母 / مادرکلان
祖父 / پدرکلان
父亲 / پدر
母亲 / مادر
婴童 / نوزاد
女儿 / دختر
儿子 / پسر

客人

مهمان

阿姨

عمه / خاله

叔叔

ماما/کاکا

兄弟

برادر

姐妹

خواهر

家 - فاميل

身体
بدن

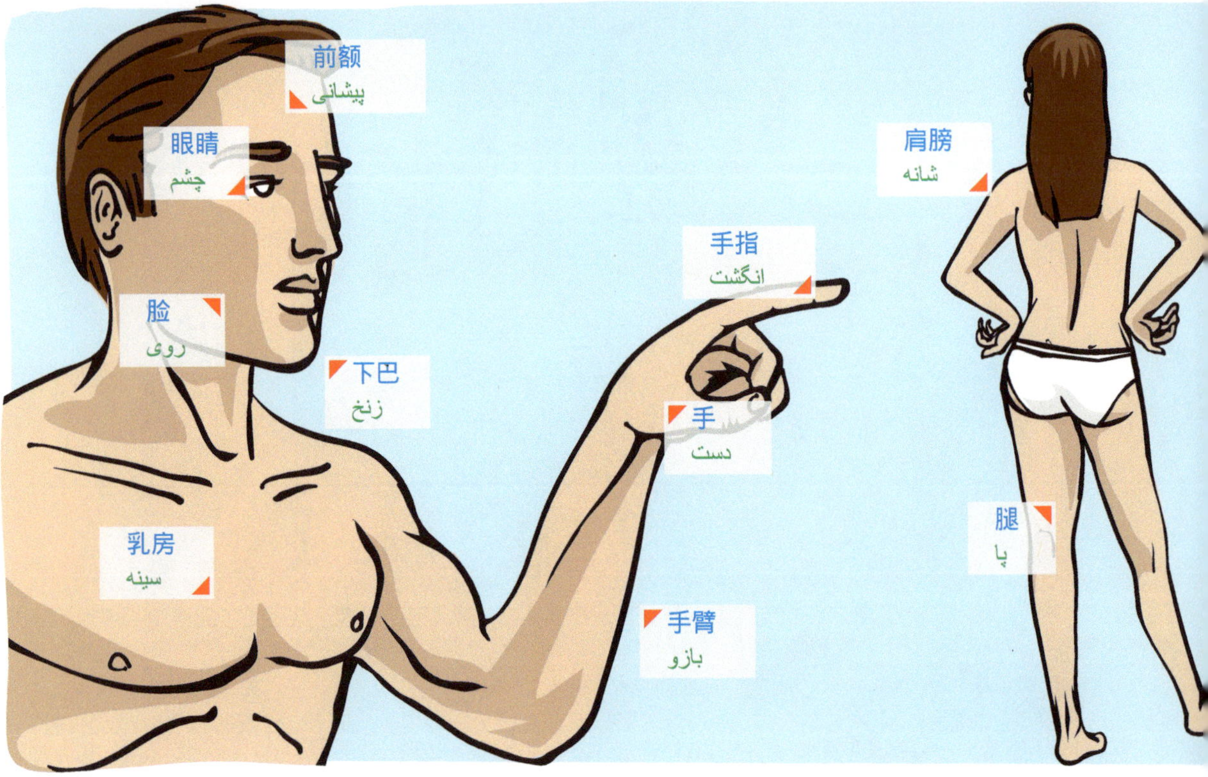

前额 / پیشانی
眼睛 / چشم
脸 / روی
下巴 / زنخ
乳房 / سینه
手指 / انگشت
手 / دست
手臂 / بازو
肩膀 / شانه
腿 / پا

婴童
نوزاد

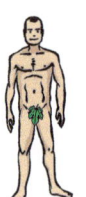

男人
مرد

女人
زن

女孩
دختر

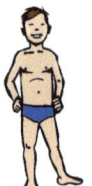

男孩
پسر

头
سر

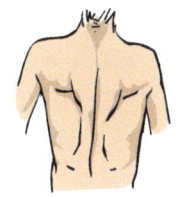 背部 — کمر	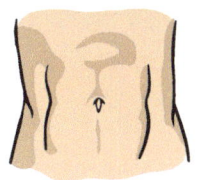 肚子 — شکم	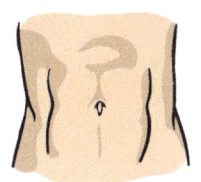 肚脐 — ناف
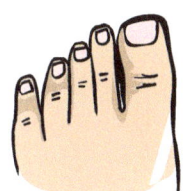 脚趾 — انگشت پا	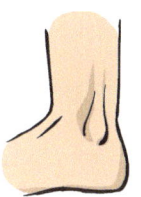 脚后跟 — کوری پای	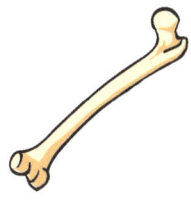 骨头 — استخوان
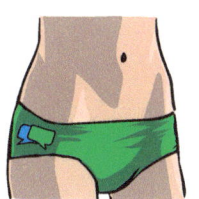 臀部 — کمر	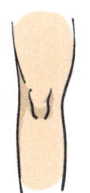 膝盖 — زانو	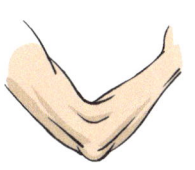 手肘 — آرنج
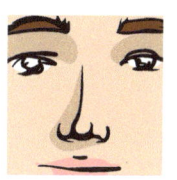 鼻子 — بینی	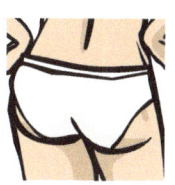 屁股 — سرین	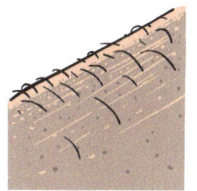 皮肤 — پوست
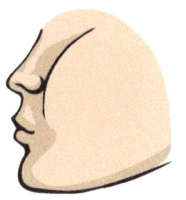 脸颊 — کومه	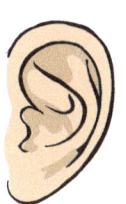 耳朵 — گوش	 嘴唇 — لب

身体 - بدن

	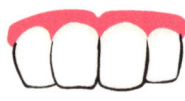	
嘴	牙齿	舌头
دهان	دندان	زبان
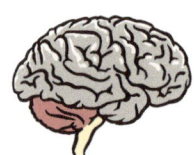	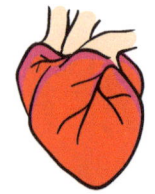	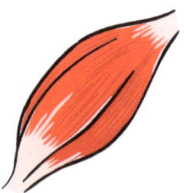
脑	心脏	肌肉
مغز	قلب	عضله
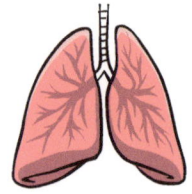	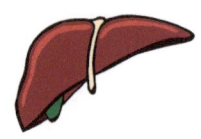	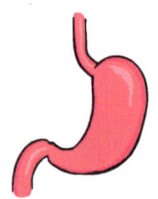
肺	肝脏	胃
شش	جگر	معده
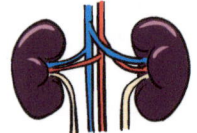		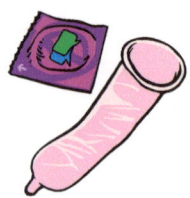
肾脏	性交	避孕套
گرده	رابطه جنسی	کاندوم

卵子	精子	怀孕
تخمه	آب منی	حاملگی

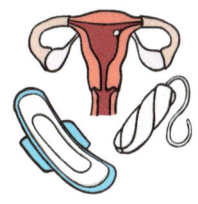 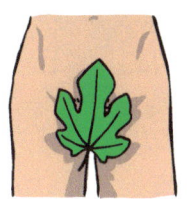 

月经　　　　　　　　阴道　　　　　　　　阴茎

قاعده گی　　　　مجرای تناسلی زن　　　　آلت تناسلی مرد

  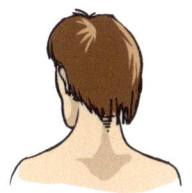

眉毛　　　　　　　　头发　　　　　　　　脖子

ابرو　　　　　　　مو　　　　　　　　گردن

医院
شفاخانه

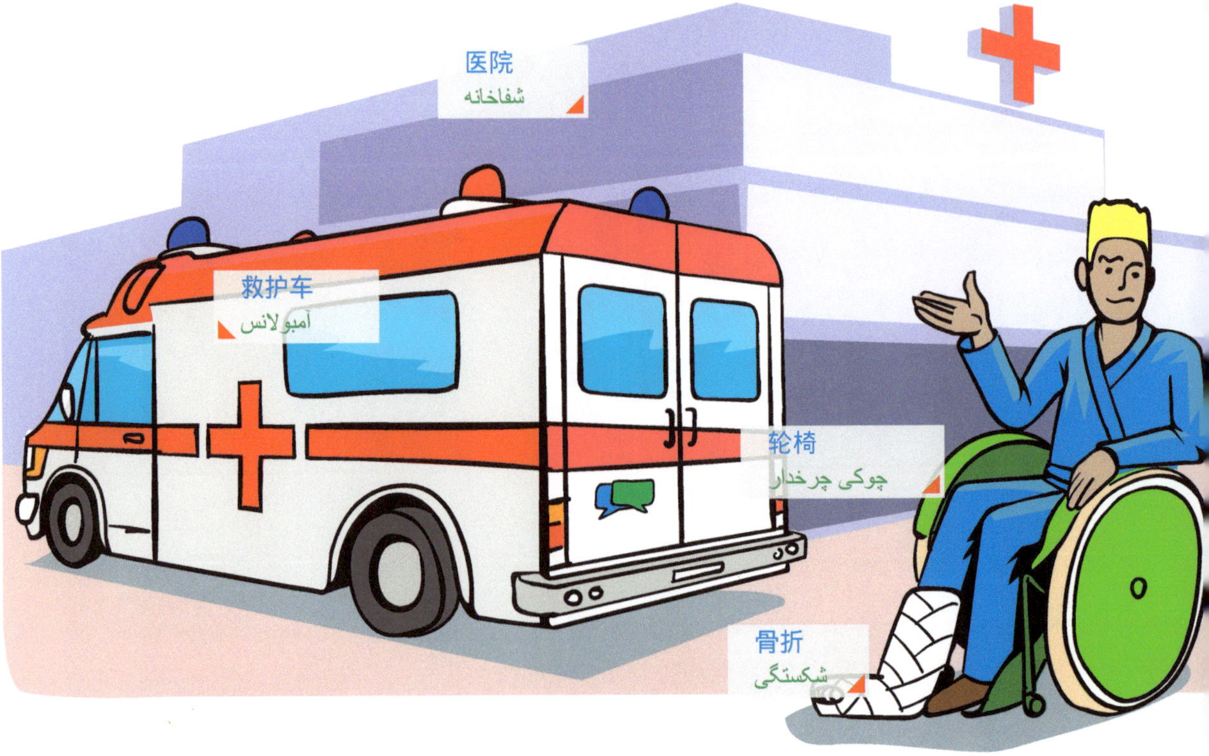

医院 شفاخانه

救护车 آمبولانس

轮椅 چوکی چرخدار

骨折 شکستگی

医生
داکتر

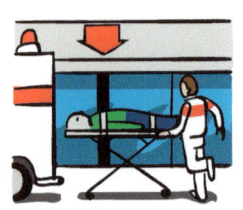

急诊室
اطاق عاجل

护士
نرس

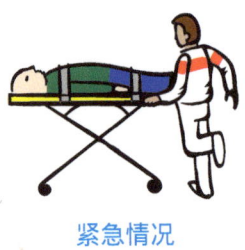

紧急情况
عاجل

昏迷
بیهوش

痛
درد

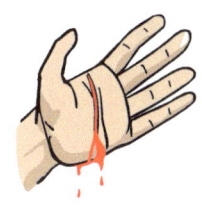
受伤
جراحت

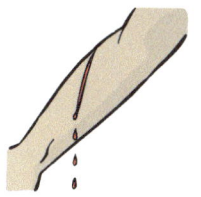
出血
خونریزی

心脏病发作
حمله قلبی

中风
سکته مغزی

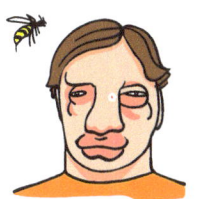
过敏
حساسیت

咳嗽
سرفه

发烧
تب

流感
انفلوانزا

腹泻
اسهال

头痛
سردرد

癌症
سرطان

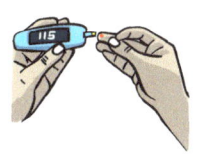
糖尿病
شکر

外科医生
جراح

手术刀
چاقوی جراحی

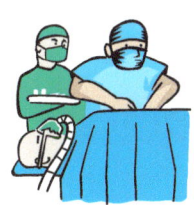
手术
عملیات

医院 - شفاخانه

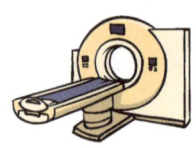 CT سی تی	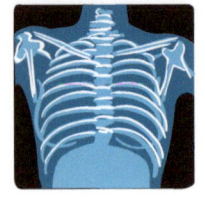 X光 ایکسری	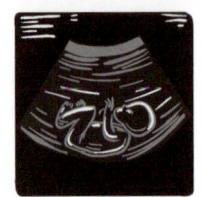 超声波 سونوگرافی
 口罩 ماسک روی	 疾病 مریضی	 候诊室 اطاق انتظار
 拐杖 عصا	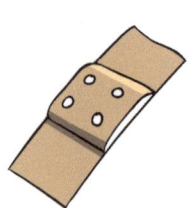 石膏 گچ	 绷带 پانسمان
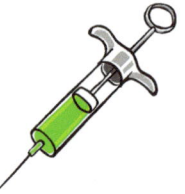 注射 تزریق	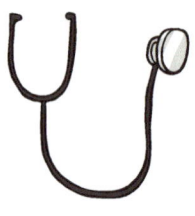 听诊器 استاتسکوپ	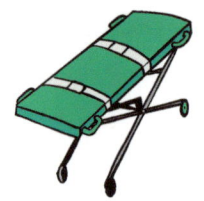 担架 تذکره
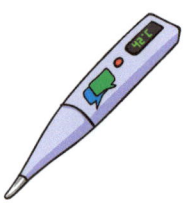 体温计 ترمامیتر کلینیکی	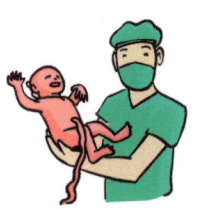 出生 تولد	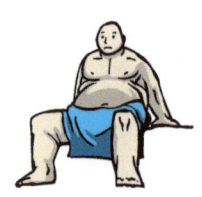 超重 اضافه وزن

医院 - شفاخانه

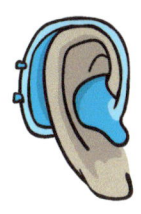 助听器 سمعک	 消毒液 ضدعفونی کننده	 感染 عفونت
 病毒 وایروس	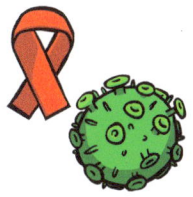 艾滋病 اچ آی وی / ایدز	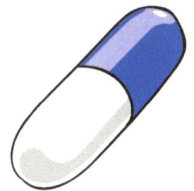 药物 ادویه
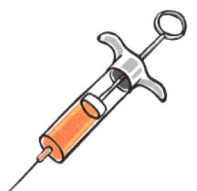 接种疫苗 واکسیناسیون	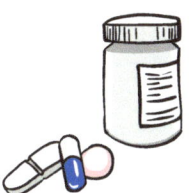 药片 تابلیت ها	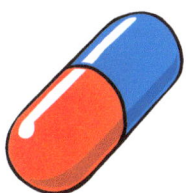 药丸 تابلیت
 急救电话 تماس اضطراری	 血压计 مانیتور فشار خون	 生病/健康 بیمار / سالم

医院 - شفاخانه

紧急情况
عاجل

救命！
کمک!

警报
زنگ هشدار

突击
تجاوز

攻击
حمله

危险
خطر

紧急出口
خروج اضطراری

着火啦！
آتش!

灭火器
آله ضد حریق

意外
حادثه

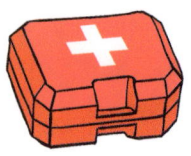
急救箱
بکسه کمک های اولیه

呼救信号
پیام اضطراری

警察
پولیس

地球
زمین

欧洲
اروپا

北美洲
امریکای شمالی

南美洲
امریکای جنوبی

非洲
آفریقا

亚洲
آسیا

澳洲
استرالیا

大西洋
اقیانوس اطلس

太平洋
اقیانوس آرام

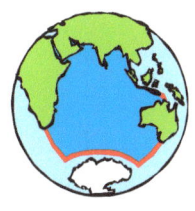
印度洋
اقیانوس هند

南冰洋
اقیانوس منجمد جنوبی

北冰洋
اقیانوس منجمد شمالی

北极
قطب شمال

 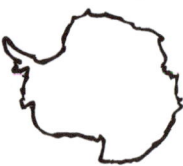 

南极	南极洲	地球
قطب جنوب	قاره قطب جنوب	زمین

陆地	海	岛
خشکی	دریا	جزیره

国家	国家
ملت	کشور

钟表
ساعت

钟面
روی ساعت

时针
عقربه ساعت شمار

分针
عقربه دقیقه شمار

秒针
عقربه ثانیه شمار

现在几点？
ساعت چند است؟

天
روز

时间
زمان

现在
اکنون

电子表
ساعت دستی دیجیتل

分
دقیقه

时
ساعت

周
هفته

周一 / دوشنبه	周三 / چهارشنبه	周五 / جمعه
周二 / سه شنبه	周四 / پنجشنبه	周六 / شنبه
		周日 / یکشنبه

| 昨天 | 今天 | 明天 |
| دیروز | امروز | فردا |

| 早晨 | 中午 | 晚上 |
| صبح | ظهر | غروب |

| 工作日 | 周末 |
| روزهای کاری | آخر هفته |

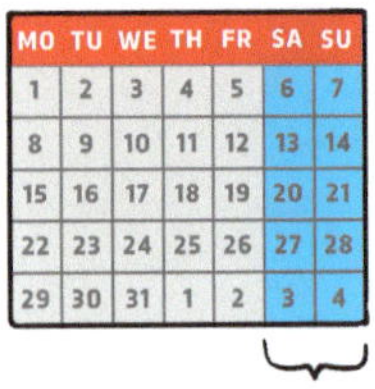

80   هفته - 周

年
سال

雨 / باران
彩虹 / رنگین کمان
风 / شمال
雪 / برف
春 / بهار
夏 / تابستان
秋 / خزان
冬 / زمستان

天气预报
پیش بینی آب و هوا

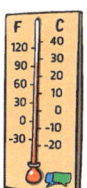

温度计
ترمامیتر

阳光
آفتاب

云
ابر

雾
غبار

潮湿
رطوبت

闪电

رعد و برق

打雷

الماسک

风暴

طوفان

冰雹

ژاله

季风

موسم بارندگی

洪水

سیل

冰

یخ

一月

جنوری

二月

فبروری

三月

مارچ

四月

اپریل

五月

می

六月

جون

七月

جولای

八月

اگست

年 - سال

九月

سپتمبر

十月

اکتوبر

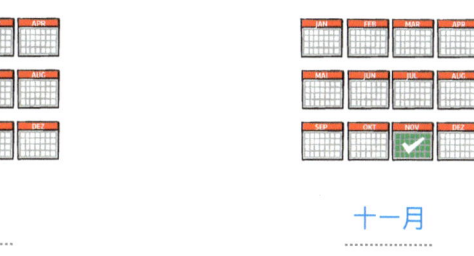

十一月

نومبر

十二月

دسمبر

形状
شکل ها

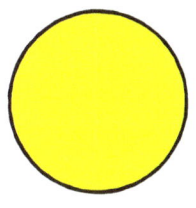

圆形

دایره

正方形

مربع

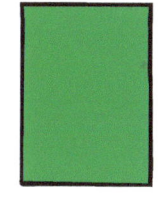

长方形

مستطیل

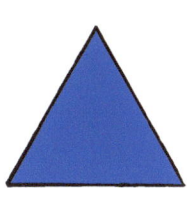

三角形

مثلث

球体

کره

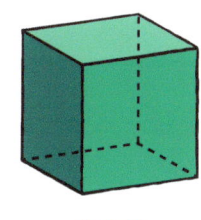

立方体

مکعب

颜色
رنگ ها

白	黄	橙
سفید	زرد	نارنجی

粉	红	紫
گلابی	سرخ	بنفش

蓝	绿	棕
آبی	سبز	نصواری/قهوه یی

灰	黑
خاکستری	سیاه

反义词

متضاد ها

很多/少许
زیاد / کم

生气/平静
عصبانی / آرام

美/丑
مقبول / بدرنگ

首/尾
آغاز / پایان

大/小
بزرگ / کوچک

明/暗
روشن / تیره

兄弟/姐妹
برادر / خواهر

干净/肮脏
پاک / کثیف

完整/缺失
کامل / ناقص

白天/晚上
روز / شب

死/生
مرده / زنده

宽/窄
عریض / باریک

可食用/非食用

خوراکی / غیر خوراکی

邪恶/善良

عصبانی / دوستانه

兴奋/无聊

هیجان زده / کسل

胖/瘦

چاق / لاغر

第一/最后

اول / آخر

朋友/敌人

دوست / دشمن

满/空

پر / خالی

硬/软

سخت / نرم

重/轻

سنگین / سبک

饿/渴

گرسنگی / تشنگی

生病/健康

بیمار / سالم

非法/合法

غیر قانونی / قانونی

聪明/愚笨

باهوش / احمق

左/右

چپ / راست

近/远

نزدیک / دور

反义词 - متضاد ها

新/旧

نو / کهنه

没有/有些

هیچ چیز / چیزی

老/幼

پیر / جوان

开/关

روشن / خاموش

打开/合上

باز / بسته

安静/吵闹

بی صدا / پر سر و صدا

富/穷

ثروتمند / فقیر

对/错

صحیح / غلط

粗糙/光滑

ناهموار / هموار

伤心/高兴

غمگین / خوشحال

短/长

کوتاه / بلند

慢/快

آهسته / سریع

湿/干

تر / خشک

温暖/凉爽

گرم / سرد

战争/和平

جنگ / صلح

反义词 - متضاد ها

数字
اعداد

0
零
صفر

1
一
یک

2
二
دو

3
三
سه

4
四
چهار

5
五
پنج

6
六
شش

7
七
هفت

8
八
هشت

9
九
نه

10
十
ده

11
十一
یازده

12	13	14
十二	十三	十四
دوازده	سیزده	چهارده
15	16	17
十五	十六	十七
پانزده	شانزده	هفده
18	19	20
十八	十九	二十
هجده	نوزده	بیست
100	1.000	1.000.000
百	千	百万
صد	هزار	میلیون

语言
زبان ها

英语
انگلیسی

美式英语
انگلیسی امریکایی

普通话
چینی ماندارین

印地语
هندی

西班牙语
اسپانیایی

法语
فرانسوی

阿拉伯语
عربی

俄语
روسی

葡萄牙语
پرتغالی

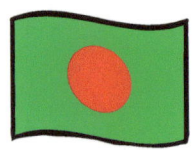

孟加拉语
بنگالی

德语
آلمانی

日语
جاپانی

谁/什么/怎样
كي/چي/چطور

我
من

你
شما

他/她/它
او / او / آن

我们
ما

你们
شما

他们
آن ها

谁？
کی؟

什么？
چی؟

怎样？
چطور؟

哪里？
کجا؟

什么时候？
چه وقت؟

名字
اسم

方位
کجا

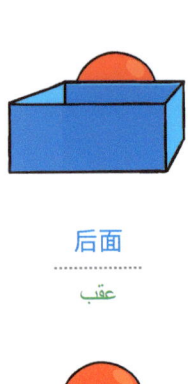

后面

عقب

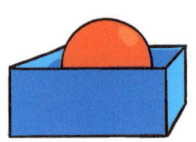

里面

در

前面

پیش روی

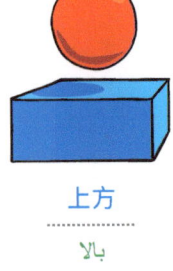

上方

بالا

上面

روی

下面

زیر

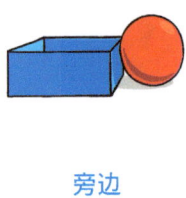

旁边

پهلو

中间

میان

地点

محل

Lightning Source UK Ltd.
Milton Keynes UK
UKHW050950301019
352562UK00004B/149/P

* 9 7 8 3 7 4 9 8 6 0 0 0 5 *